MIMI
CINEM

N. 3

Collana diretta da Elena Dagrada (Università degli Studi di Milano)

Stella Dagna

MA L'AMOR MIO NON MUORE!

(Mario Caserini, 1913)

La diva e l'arte di comporre lo spazio

MIMESIS
Cinema/origini

MIMESIS EDIZIONI (Milano – Udine)
www.mimesisedizioni.it
mimesis@mimesisedizioni.it

Collana: *Cinema/origini*, n. 3
Isbn: 9788857522968

Via Monfalcone, 17/19 – 20099
Sesto San Giovanni (MI)
Phone: +39 02 24861657 / 24416383
Fax: +39 02 89403935

INDICE

MA L'AMOR MIO NON MUORE!

(Mario Caserini, 1913)

La diva e l'arte di comporre lo spazio

INTRODUZIONE

Tra i film che maggiormente segnarono l'immaginario novecentesco italiano del primo dopoguerra, *Ma l'amor mio non muore!* occupa un posto speciale. Non fu solo la produzione cinematografica seguente a subirne l'influenza, ma ne rimasero condizionati anche lo stile, il gusto e le mode del vivere sociale.

Il successo che arrise al film nel 1913, quando uscì nelle sale italiane, fu in gran parte dovuto alla sua protagonista, la bellissima Lyda Borelli, già celebre attrice di teatro che fino ad allora, però, non era mai comparsa sullo schermo. Fu grazie al suo carisma e al suo fascino che il film riuscì ad affermare un modello femminile particolarmente adatto a incarnare lo spirito dell'Italia della Belle Époque, in bilico tra tentazioni superomistiche e spirito piccolo borghese. L'ammirazione fanatica che il suo esordio sullo schermo seppe suscitare fu la prima scintilla del divismo italiano, uno *star system* che nei primi anni Dieci raggiunse una notorietà di livello internazionale. *Ma l'amor mio non muore!* divenne un fenomeno di costume, imponendo ai giovanotti e alle signore dell'epoca un modo di vestire, muoversi, acconciarsi i capelli e vivere le proprie storie d'amore.

Dietro le quinte di questo successo, si cela la personalità ancora relativamente poco conosciuta di Mario Caserini, decano dei registi italiani (allora si diceva "direttori di scena") e figura simbolo di una concezione del cinema che rivendicava al tempo stesso il valore artistico della nuova forma di espressione e il suo forte legame con la tradizione della letteratura, del teatro e delle arti figurative. Fu Caserini a convincere Lyda Borelli a prestare la propria arte allo schermo e a costruire intorno a lei un film che ne sapesse valorizzare al meglio fisionomia, indole e tecnica attoriale.

Considerando il successo e l'influenza di *Ma l'amor mio non muore!* all'epoca della sua uscita, la bibliografia dedicatagli negli anni appare decisamente poco nutrita. Tra le cause di questa mancanza va probabilmente annoverata la scarsa fortuna storiografica di cui ha goduto il cinema muto italiano in generale, ma anche un tono e uno stile che nel film fanno orgoglioso sfoggio della propria carica melodrammatica e sentimentale, esponendosi in tal modo, con il mutare della moda, alla parodia e all'accusa di non essere più in linea con i tempi nuovi.

Rivedendo il film oggi, anche grazie al recente restauro e all'edizione in DVD, risulta invece evidente come uno dei suoi punti di forza sia proprio la relazione tra una materia che lavora su archetipi ad alto tasso emotivo e uno stile di regia assolutamente rigoroso, di grande controllo formale. A partire da questa considerazione, nello scegliere tra i tanti spunti che *Ma l'amor mio non muore!* propone all'approfondimento, in questo lavoro si è data priorità soprattutto a due aspetti che trovano un corrispettivo efficace nel binomio costituito dalla prima attrice e dal suo regista. Il primo è il modo di proporsi della diva Lyda Borelli, il suo stile di recitazione e il tipo di donna da lei incarnato, tanto influente sul pubblico di una intera generazione. Il secondo è il modello di costruzione spaziale sotteso allo stile visivo del film, piena espressione di un modo di rappresentazione che per qualche anno dominerà il cinema europeo e che si dimostrerà particolarmente congeniale al talento registico di Mario Caserini. La dialettica tra questi due aspetti contribuisce in maniera determinante all'efficacia espressiva del racconto per immagini proposto in *Ma l'amor mio non muore!*

Il presupposto imprescindibile per poter oggi apprezzare questa efficacia e indagarne il funzionamento è lo stesso alla base di ogni ricerca che coinvolga i film più antichi: il costante e impegnativo lavoro di tutela e diffusione compiuto da archivi e cineteche. Per questo motivo desidero ringraziare gli enti che hanno contribuito al restauro e all'edizione di *Ma l'amor mio non muore!* realizzati nel 2013: Fondazione Cineteca di Bologna, Museo Nazionale del Cinema di Torino, Fondazione

Cineteca Italiana di Milano, Cineteca Nazionale – CSC di Roma e il laboratorio L'Immagine Ritrovata di Bologna. Prima dell'ultimo restauro il film è stato per anni visto e studiato grazie alla copia conservata dalla Fondazione Cineteca Italiana, cui va dunque il merito di averne preservato e diffuso la memoria.

Questo lavoro è altresì debitore del quotidiano confronto con lo staff del Museo Nazionale del Cinema di Torino e in particolare con le colleghe della Cineteca: Claudia Gianetto, Stefania Carta, Andreina Sarale, Anna Sperone. Sono inoltre grata alla direzione del Museo e ai settori di riferimento per avermi concesso di utilizzare le immagini conservate presso la biblioteca, la fototeca e l'archivio cartaceo. Fondamentali per la realizzazione di questo libro sono stati i consigli e la professionalità di Silvio Alovisio, Antonella Angelini, Marco Grifo, Tamara Sillo, Nicoletta Pacini, Fabio Pezzetti-Tonion, Roberta Basano, Elena Boux. Desidero inoltre ringraziare Marian Lewinsky Strauli (curatrice del restauro realizzato nel 2013), Astrid Zwerger, Mauro Giori e Marcello Seregni. Un ringraziamento particolare va a Elena Dagrada, che mi ha indirizzato sulla strada senza ritorno della passione per il cinema muto. Una passione con cui hanno imparato a convivere le persone a me più vicine: grazie dunque a mia madre e a Enrico per il costante supporto.

CAST & CREDITS

Dati filmografici

Regia: Mario Caserini; *soggetto*: Emiliano Bonetti, Giovanni Monleone; *fotografia*: Angelo Scalenghe; *interpreti e personaggi*: Lyda Borelli (Elsa Holbein, Diana Cadouleur), Mario Bonnard (principe Massimiliano), Gian Paolo Rosmino (Moïse Sthar), Vittorio Rossi Pianelli (colonnello Julius Holbein), Emilio Petacci (colonnello Theubner), Camillo De Riso (impresario Schaudard), Dante Cappelli (granduca di Wallenstein), Maria Caserini Gasparini (granduchessa di Wallenstein), Antonio Monti (generale), Gentile Miotti, Felice Metellio; *produzione*: Film Artistica Gloria, Torino; *visto di censura*: 1462 del 1.12.1913; *lunghezza originale*: 2600 metri.

Restauro 2013

Restauro a cura di: Fondazione Cineteca di Bologna, Museo Nazionale del Cinema di Torino in collaborazione con la Fondazione Cineteca Italiana di Milano, CSC – Cineteca Nazionale di Roma.

Copia da proiezione: DCP (Digital Cinema Package), durata 78', bianco e nero, didascalie italiane.

Copia di conservazione: 35mm, poliestere, controtipo negativo, 1605 metri, 78' a 18 fotogrammi al secondo, bianco e nero, didascalie italiane.

Edizione DVD

Ma l'amor mio non muore! / Love Everlasting, DVD con booklet, Fondazione Cineteca di Bologna, Museo Nazionale del Cinema di Torino, in collaborazione con Fondazione Cineteca Italiana di Milano, CSC-Cineteca Nazionale di Roma, 2013.

SINOSSI

Granducato di Wallenstein. Nella hall di un hotel lussuoso, il giovane ed elegante Moïse Sthar riceve una lettera misteriosa che lo turba. Sthar è in realtà una spia e la missiva contiene l'incarico di rubare i piani di fortificazione del ducato appena consegnati alla custodia del colonnello Julius Holbein, capo di stato maggiore dell'esercito. Per obbedire agli ordini ricevuti, quella sera Sthar riesce a farsi accogliere amichevolmente in casa Holbein fingendo di corteggiare Elsa, la bellissima figlia del colonnello. Mentre la ragazza suona il piano per lui, la spia lancia sguardi in tralice a Holbein che discute con il colonnello Theubner, amico di famiglia, proprio dei documenti militari affidatigli. Quando i padroni di casa lo lasciano solo per accompagnare Theubner alla porta, l'avventuriero non esita un istante: facendo mostra di notevole sangue freddo, sottrae le carte dallo studiolo del colonnello e si congeda con una scusa immediatamente dopo.

Il giorno successivo, accortosi della sparizione, Julius Holbein è disperato. Elsa, intuendo la verità, si reca subito all'albergo di Sthar, ma le notizie raccolte dal portiere non fanno che confermare il suo sospetto: il presunto ammiratore, infatti, si è dileguato nottetempo, partendo all'improvviso. Lo scandalo per la perdita dei piani di fortificazione è grande. Il padre di Elsa, degradato, non reggendo al disonore si suicida, mentre lei è costretta all'esilio da un editto del granduca.

Rimasta sola e senza appoggi in terra straniera, Elsa decide di tentare la carriera di cantante; è una musicista molto dotata e quando si presenta per un provino presso gli uffici dell'impresario Schaudard, la sua bellezza e il suo talento le procurano un'immediata scrittura. Assunto il nome d'arte di Diana Cadouleur, miete successi nei teatri ed è assediata dagli ammiratori, sempre però tenuti a debita distanza.

Una sera, mentre cena in compagnia sulla terrazza del Grand Hotel, il suo sguardo si incrocia con quello melanconico di un giovane solitario: è il principe Massimiliano, figlio del granduca di Wallenstein, che viaggia in incognito per motivi di salute. I due sono attratti l'uno dall'altra pur senza conoscersi e senza essersi mai rivolti la parola, finché una mattina, durante una passeggiata a cavallo, Elsa lo incontra nei pressi di una chiesa isolata. Dapprima nessuno dei due rompe il silenzio, la donna entra in chiesa e, con il permesso del parroco, si mette a suonare un piccolo organo. La musica è un richiamo per Massimiliano che, attratto, entra in chiesa e la raggiunge. Lo sguardo che si scambiano segna la nascita di una passione travolgente, destinata a sconvolgere le loro vite. Passano giorni di felicità, anche se entrambi continuano a ignorare le rispettive identità: lui non svela le sue origini nobili e lei continua a nascondere il proprio passato, troppo doloroso, dietro lo pseudonimo del suo nome d'arte. Dopo qualche tempo, per amore di Massimiliano, Elsa abbandona le scene lasciando nello sconforto l'impresario Schaudard, privato della sua più grande artista.

L'idillio, tuttavia, è breve. Sfortuna vuole che durante una gita romantica, tra i passeggeri di un battello per Locarno, insieme a Elsa e Massimiliano viaggi anche il perfido Sthar che, sfacciatamente, approfitta di un momento di solitudine della vecchia fiamma per avvicinarla con atteggiamento allusivo; lei naturalmente lo rifiuta sdegnata e lui, per vendicarsi, dopo aver riconosciuto l'accompagnatore di Elsa diffonde in patria la notizia che mentre il Granducato versa in una difficile situazione politica il principe Massimiliano sperpera tempo e denaro con un'avventuriera. Le chiacchiere diffuse dai giornali giungono anche alle orecchie del granduca e della moglie che, preoccupati, inviano il fido colonnello Theubner dal figlio con l'ordine di ricondurlo a casa. Quando il messaggero giunge a destinazione, sorprende insieme gli innamorati e riconosce nella compagna del principe la figlia di un presunto traditore. A sua volta Elsa comprende la vera identità di Massimiliano e decide di allontanarsi, non reggendo al pensiero di dover giustificare con l'uomo amato il marchio d'infamia che grava sul suo nome. Non le resta che partire e ritornare sulle scene, accolta a braccia aperte da Schaudard.

Il principe, però, pur messo a parte della verità da Theubner, è deciso malgrado tutto a non rinunciare al proprio amore: raggiunge Elsa nel camerino del teatro, mentre lei si sta preparando a interpretare l'ultimo atto de *La traviata*. L'arrivo improvviso di lui la commuove, i due si abbracciano e si giurano eterno amore. Elsa, tuttavia, sa di mentire e appena rimane sola cambia atteggiamento ed espressione; comprendendo che la relazione con lei non potrebbe che recare danno al figlio del granduca, beve del veleno e si avvia stentatamente sul palco. Mentre interpreta l'agonia di Violetta si sente male, Schaudard fa chiudere il sipario e lo spettacolo si interrompe. Massimiliano accorre e la prende tra le braccia, giusto in tempo per udirla sussurrare le sue ultime parole: «Ma l'amor mio non muore!».

IL CONTESTO

1. *Il cinema italiano nel "glorioso 1913"*

Il 1913 fu l'anno d'oro del cinema muto italiano. Una guerra sconvolgente era alle porte, ma pochi parevano accorgersene; si leggeva D'Annunzio, si cantava *Tripoli bel suol d'amore*, a teatro non si andava più a vedere Eleonora Duse, ritiratasi dalle scene pochi anni prima (vi farà ritorno solo nel 1921), bensì la giovane e bellissima Lyda Borelli. E si andava al cinematografo, sempre di più. Improvvisamente la vertiginosa corsa alla conquista del pubblico e dei mercati della nostra cinematografia nazionale, già ben avviata da almeno un paio d'anni, sembrò trovare la strada del pieno successo, osando quello che fino ad allora sullo schermo non era mai stato osato[1].

Se c'è una caratteristica utile a riassumere lo spirito del primo cinema italiano, infatti, probabilmente è proprio l'ambizione, il pensare in grande. Quando l'industria cinematografica mosse i primi passi a Roma e a Torino, i francesi, assoluti dominatori europei del mercato e dell'arte filmica, erano in attività da più di dieci anni, un periodo di tempo che per una forma espressiva molto giovane rappresentava davvero un'eternità. Tutt'altro che intimiditi, registi e produttori del Bel Paese si lanciarono fin da subito alla conquista del pubblico borghese, che era indispensabile sedurre se si voleva acquisire il prestigio riservato fino a quel momento al teatro e all'opera musicale. Un pubblico di signori ben educati dal colletto rigido e di signore che, pur amando le atmosfere vagamente morbose dei libri di Carolina Invernizio, non avrebbero mai frequentato un divertimento considerato men che morale.

Nella sua battaglia per l'ascesa sociale, il cinema italiano rivolse uno sguardo rapace e imitatore in primo luogo alle arti più blasonate, traendo spunto per le sue storie da eventi storici e dalle opere letterarie universalmente amate, citando quadri celebri nella composizione delle inquadrature e cercando di offrire un'esperienza di visione che, per eleganza delle sale, frequentazioni e apparato pubblicitario, potesse competere con le serate di gala teatrali. Nessuna sfida era troppo ardita per la giovane arte dello schermo (che invero era ancora lungi da essere considerata unanimemente tale): Shakespeare, Manzoni, Virgilio venivano adattati senza troppi scrupoli in brevi film di un quarto d'ora, durata standard nei primi anni del Novecento, corrispondente al tempo di scorrimento di una bobina di pellicola[2]. Le città italiane offrivano scorci meravigliosi in cui girare all'aperto; la luce mediterranea era l'ideale per le pellicole dall'emulsione ancora non troppo sensibile; gli attori avevano un temperamento latino e una gestualità generosa. Il pubblico gradiva, si cominciò a parlare di cinema italiano, nel 1908 gli americani impazzirono per *Gli ultimi giorni di Pompei* (Luigi Maggi) e perfino i francesi iniziarono a preoccuparsi.

In quest'ottica di perpetua rincorsa al superamento dei limiti, non stupisce che proprio gli italiani siano stati precursori nello sposare senza troppe riserve la novità del lungometraggio. A partire dal 1911, titoli come *L'inferno* (Adolfo Padovan, Francesco Bertolini, Giuseppe De Liguoro, 1911), *L'Odissea* (Adolfo Padovan, Francesco Bertolini, 1911) e *L'ultimo dei Frontignac* (Mario Caserini?, 1911) svelarono le potenzialità di un racconto che non fosse ritagliato nel canonico quarto d'ora. Tempo in più voleva dire potersi avventurare maggiormente nell'articolazione di storie complesse, budget più elevati, lavorazioni più lunghe e set più ricchi. E proprio il lavoro sui set e sulle location fu un elemento chiave della trasformazione che trovò piena espressione nel "glorioso 1913"[3]: un mutamento che in breve consistette nella scoperta delle potenzialità spettacolari ed espressive offerte dal trattamento monumentale dello spazio filmico, attraverso la composizione dell'immagine in profondità di campo.

Il cinema capì di dover offrire al suo pubblico qualcosa che nessun'altra forma di spettacolo poteva proporre, neppure il teatro. Anche la produzione americana era alla ricerca di questo "qualcosa" e in quegli stessi anni lo individuò nella possibilità di vedere i visi e le cose da vicino, nonché di spostarsi e modificare l'angolazione sull'azione rappresentata; in altre parole, oltreoceano iniziarono presto a girare piani ravvicinati e a utilizzare diverse forme di montaggio per realizzare riprese dello stesso ambiente da punti di vista diversi. Questa modalità, tuttavia, nei primi anni Dieci non era molto apprezzata in Italia e in Europa. Per una cultura molto legata all'estetica del teatro e delle arti figurative, infatti, cambiare rapidamente il punto di vista o riprendere il viso di un uomo da vicino potevano apparire scelte sgraziate, tese a rompere la naturale continuità dello spazio e l'integrità della rappresentazione del corpo[4].

Questo non significa, come talvolta è stato affermato, che il cinema europeo di quegli anni si riducesse alla ripresa di una messa in scena teatrale. Al contrario, quello che di nuovo il pubblico italiano nel 1913 poteva trovare solo sullo schermo era la rappresentazione di uno spazio immenso, profondo, costruito su diversi livelli di profondità di campo in funzione dell'occhio dello spettatore, del suo singolo punto di vista; tutti gli elementi dell'immagine, attori, scenografie, masse di comparse, in questo tipo di cinema si dispongono e si muovono sullo schermo in base a leggi della composizione che rispondono a esigenze di armonia figurativa e di chiarezza narrativa, mantenendo in linea di massima l'autonomia del piano, cioè tentando di esaurire ogni blocco narrativo in una sola inquadratura o quasi. È un tipo di cinema che, contrapponendosi al modello americano ispirato alla frammentazione dello spazio tramite il montaggio, esprime il massimo virtuosismo nella sintesi di più elementi attrattivi, narrativi e simbolici, organizzandoli in modo da renderli intelligibili in un solo quadro e visivamente affascinanti[5]. Questa concezione spaziale non fu solo italiana bensì europea: il numero di film destinati a segnare la storia del cinema apparsi sugli schermi del 1913 nel vecchio continente è tale da giustificare la convinzione che l'annata si possa annoverare tra le migliori della storia del cinema[6].

Tornando all'Italia, la coppia di film più significativi del 1913 propone modelli spaziali originali per la rappresentazione di temi universali, quali la Grande Storia e la passione amorosa. Sono i titoli precursori dei due generi dominanti la stagione del cinema muto italiano. Il primo, *Quo vadis?* (Enrico Guazzoni), fu il film simbolo della nuova voga cinematografica del kolossal storico spettacolare. Per passare dal racconto delle storie individuali, già in voga nei drammi in costume prodotti negli anni precedenti, alla messa in scena degli eventi storici di richiamo epico, l'avvento sugli schermi di un nuovo spazio monumentale forniva lo strumento ideale: al fine di esaltarne ampiezza e magnificenza nulla sembrava più adatto delle folle di comparse, dei set spettacolari, delle riprese panoramiche, di parate, catastrofi, rivoluzioni. L'anno dopo sarebbe arrivato *Cabiria* (Giovanni Pastrone, 1914) e tutti i film precedenti sarebbero parsi al confronto cosa da poco. Ma nel 1913 *Quo vadis?* fece gridare all'incredibile[7].

Ma l'amor mio non muore!, secondo titolo di importanza cruciale uscito in Italia nel 1913, fu invece il prototipo dei diva-film, cioè di un genere che costruiva immagine e racconto in funzione del carisma della prima attrice. L'influenza della specifica concezione spaziale dell'epoca in questo caso è più sottile. Il "monumento" intorno al quale tutto si compone stavolta è il corpo dell'attrice, costante centro mobile dell'immagine attorno a cui ruota una girandola di elementi spaziali e scenici che cambiano continuamente, disponendosi sempre in modo diverso su piani differenti del quadro. Sullo schermo, come dimostrò il successo del film, anche la passione e il desiderio hanno una loro epica.

2. *Mario Caserini e il film della svolta*

L'esordio cinematografico di Mario Caserini risale al 1906, praticamente agli albori della produzione italiana. Veniva dal teatro, aveva modi cortesi, imponenti baffi impomatati e una grande capacità di trattare con le persone, dote sempre preziosa per un regista di cinema. Nel corso della sua carriera seppe conquistarsi le simpatie di attori, critici, produttori e colleghi. Le riviste d'epoca sono piene di resoconti dei suoi ricevimenti festosi, offerti per il lancio di un film, l'apertura di un set, il compleanno di un attore[8]. La sua indole gioviale era tuttavia al servizio di una concezione assai elevata del proprio mestiere; fu infatti da subito convinto assertore dell'idea che il cinema fosse un'arte vera e propria. Certo, «un'arte che non si può far da soli»[9], come dichiarò in diverse occasioni ai giornali, ma comunque un'arte al pari del teatro e della pittura. Caserini è un regista che si presta in modo particolare a rappresentare lo spirito del primo cinema italiano: innovatore ma profondamente borghese, ambizioso ma generoso con i propri collaboratori, visionario ma sempre molto composto.

Nella sua carriera il 1913 fu un momento speciale. Dopo aver lavorato per la Cines di Roma e l'Ambrosio Film di Torino, infatti, proprio quell'anno aveva finalmente fondato, con i capitali del socio Domenico Cazzulino, una casa di produzione tutta sua dal nome benaugurante, la Film Artistica Gloria. Autonomia produttiva già allora significava per un direttore di scena libertà artistica; e che questo fosse l'obiettivo principale del neo produttore lo rivela il motto scelto per l'impresa: *Ars vera lex*[10].

Avendo finalmente realizzato le proprie condizioni ideali di lavoro, Caserini si trovò ad affrontare la necessità di dimostrarsi all'altezza delle proprie ambizioni: con la Film Artistica Gloria aveva già prodotto alcuni film per rodarne la macchina organizzativa. A quel punto occorreva proporre agli spettatori un titolo che li conquistasse, rimanendo nella loro memoria e aiutandoli a comprendere l'idea di cinema sottesa alla nuova impresa. Considerato il decano dei registi italiani, Caserini aveva già girato negli anni precedenti numerosi successi, ma il cinema, come abbiamo visto, in pochi anni era molto cambiato. Era uscito *Quo vadis?*, la trasformazione del modo di rappresentare lo spazio era in corso e il pubblico non si sarebbe più accontentato di ciò cui guardava con favore fino all'anno prima.

C'erano due possibilità per conquistare visibilità in un contesto tanto competitivo e in trasformazione: cercare di emulare il nuovo genere alla moda, il kolossal spettacolare, amplificando la maestosità degli ambienti, aumentando la folla delle comparse e vantando l'accuratezza della riproduzione storica; oppure cambiare completamente genere e inventare qualcosa di altrettanto nuovo. Caserini tentò entrambe le strade. Mentre metteva in cantiere il film che sarebbe uscito l'anno dopo con il titolo *Nerone e Agrippina*[11], contemporaneamente organizzava di nascosto un progetto di tutt'altro genere che si sarebbe rivelato il suo più grande successo. Nel maggio del 1913, il piano di Caserini fu svelato: i giornali di settore annunciarono che Lyda Borelli, la più affascinante primadonna del teatro italiano, si convertiva (temporaneamente) al cinema e aveva accettato di girare nella pausa della stagione teatrale due film per la Film Artistica Gloria[12]. La stampa specializzata diede eco all'annuncio, pubblicando tra l'altro le caricature dell'attrice e del suo regista sulle pagine patinate della rivista *La Vita Cinematografica*: lo sguardo misterioso di lei si perde nel vuoto, quasi nascosto da un largo cappello (fig. 1), mentre quello di lui fissa dritto il lettore, sornione e fiero di essersi aggiudicato una collaboratrice tanto prestigiosa (fig. 2)[13]. Per comprendere il motivo di tanto orgoglio e l'impatto che ebbe sulla pubblica opinione il prestarsi allo schermo di Lyda Borelli, occorre tener presente che, come si è accennato, il cinema stava ancora lottando per un riconoscimento culturale ed era guardato con particolare antipatia negli ambienti del teatro drammatico. Allo stesso tempo bisogna capire chi era e cosa rappresentava la bella attrice. A ventisei anni e con già una carriera lunga e brillante alle spalle, non era solo una primadonna elegante e di buone capacità interpretative. Malgrado fosse giovane, la Borelli era già una diva, tra le interpreti più note del teatro italiano; l'impatto della sua recitazione sinuosa, della sua bellezza art déco, del suo look decadente e misterioso, era grande non solo nel teatro ma nella società italiana che guardava alle sue performance con meraviglia.

Dunque questa divina del palcoscenico avrebbe prestato la propria figura e la propria arte allo schermo. Non si sa come Caserini sia riuscito a convincerla, certo è che si trattò di un colpo da maestro non solo dal punto di vista della pubblicità e della battaglia per il riconoscimento culturale del cinema, ma anche sotto l'aspetto della resa artistica.

Il progetto del regista, infatti, non era quello di sfruttare esclusivamente la notorietà e la bellezza dell'attrice, offrendo anche a chi non aveva la possibilità di frequentare i teatri eleganti l'opportunità di vederla nel cinema del proprio quartiere. Questo esperimento era già stato tentato da diverse interpreti di teatro francesi, in primo luogo Sarah Bernhardt, apparsa già più volte sullo schermo; i risultati, tuttavia, soddisfacevano la curiosità del pubblico senza offrire molto altro dal punto di vista espressivo[14]. Caserini voleva invece costruire intorno all'attrice e al suo potenziale un nuovo tipo di cinema, in cui tutto ruotasse attorno al corpo e ai movimenti della diva. Nemmeno la storia raccontata doveva essere tanto nota da rubare la scena all'attrice, dunque niente grande letteratura; meglio un soggetto semplice, scritto da una coppia di sceneggiatori semi improvvisati[15] che facesse leva su archetipi melodrammatici di provata efficacia: l'innocenza perseguitata, la passione fatale, il sacrificio femminile. Una storia nuova ma simile a quella di molte eroine sfortunate dell'opera italiana, sulla falsariga di una sensibilità destinata a trovare nella semplicità dell'intreccio un'eco perfetta alla forza sconvolgente delle passioni in gioco. Come comprimari un affiatato gruppo di attori già esperti tra cui Mario Bonnard, considerato uno degli "amorosi" cinematografici più eleganti in circolazione, e la moglie del regista, Maria Gasparini, anche lei attrice apprezzata[16].

Con questi presupposti Caserini si apprestò a sperimentare il modo migliore per costruire uno spazio adatto al tipo di cinema che aveva in mente, interpretando a suo modo la tendenza italiana che come abbiamo visto prediligeva la composizione dell'inquadratura in profondità di campo. Invece di organizzare su vari livelli architetture e masse di comparse, a perdersi all'orizzonte erano i salotti sontuosi, i palcoscenici, le hall d'albergo.

Ma l'amor mio non muore! uscì nell'autunno del 1913, alla fine dell'anno d'oro del cinema italiano. Riscosse un grandissimo successo di critica e di pubblico, fu il film migliore di Caserini, inaugurò un genere e si impose come fenomeno di costume. "Borelleggiare" divenne un termine di uso comune. Persino il comico Ettore Petrolini scrisse una canzone-parodia che prendeva il titolo dal film, destinata a suscitare l'entusiasmo del futurista Filippo Tommaso Marinetti che la definì «un capolavoro: una vera e propria sinfonia caotica e alogica»[17]. Petrolini riserva il suo *amour fou* a una sposa non proprio simile alla divina Lyda:

Mi bastona, mi fa patir la fame,
non ho neppure il pane a volontà!
Se le chiedo una pera, quell'infame
Me l'avvicina e poi non me la dà!
Mi devo accontentare dell'odore
... ma l'amor mio, ma l'amor mio non muore![18]

Note

1 Sul cinema muto italiano segnaliamo almeno Gian Piero Brunetta, *Il cinema muto italiano*, Roma-Bari, Laterza, 2008; Aldo Bernardini, *Cinema muto italiano* (3 volumi), Roma-Bari, Laterza, 1980-1982; Riccardo Redi, *Cinema muto italiano*, Roma, Biblioteca di Bianco & Nero, 1999; *Sperduto nel buio. Il cinema muto italiano e il suo tempo*, a cura di Renzo Renzi, Bologna, Cappelli, 1991; *Introduzione al cinema muto italiano*, a cura di Silvio Alovisio e Giulia Carluccio, Torino, Utet, 2014.

2 Per approfondire la vocazione del primo cinema italiano a proporsi fin da subito come agente di trasmissione di cultura "alta" rimandiamo fra gli altri a Gian Piero Brunetta, "Filogenesi artistica e letteraria del primo cinema italiano", in *Sperduto nel buio. Il cinema muto italiano e il suo tempo (1905-1930)*, a cura di R. Renzi, cit., pp. 7-21.

3 "Il glorioso 1913" è l'espressione utilizzata nel titolo della rassegna dedicata alla produzione dell'anno in questione, proposta nel corso della 27° edizione del Cinema Ritrovato di Bologna nel luglio 2013.

4 In risposta a un vademecum che invitava i registi europei a ricorrere con più frequenza a montaggio e riprese ravvicinate, ancora nel 1915 un editorialista de *La Vita Cinematografica* rispondeva: «Vi figurate quando vedremo le films fatte secondo i dettami del memento?!: donne, uomini belli, senza gambe, a ridosso della cornice dello schermo, muovendo soltanto occhi e bocca, ed agenti in uno spazio ristrettissimo: oh come rivedremo il teatrino ambulante dei burattini napoletani! Mario Caserini, Baldassarre Negroni e Giulio Antamoro passeranno sotto le forche caudine?», "Le forche caudine", *La Vita Cinematografica*, a. VI, n. 9, 7 marzo 1915, p. 52.

5 Eric De Kuyper fu tra i primi a individuare le caratteristiche di questo modello di costruzione spaziale del cinema europeo degli anni Dieci, sottolineando la sua autonomia sia rispetto al cinema delle origini, sia rispetto al successivo cinema istituzionale. De Kuyper propone la definizione di "cinema della seconda epoca" (Eric De Kuyper, "Le cinéma de la seconde époque: le muet des anées dix", *Cinémathèque*, 1a parte, n. 1, 1992, pp. 28-35; 2a parte, n. 2, 1992, pp. 58-68). Tra i saggi che si sono occupati di indagare i meccanismi di questo stile di composizione spaziale si vedano, per il cinema italiano, Elena Dagrada, André Gaudreault, Tom Gunning, "Lo spazio mobile. Del montaggio e del carrello in *Cabiria*", pp. 151-183 e Silvio Alovisio, "L'Itala Film nei primi anni Dieci: ipotesi per un'analisi stilistica", pp. 244-266, entrambi contenuti in *Cabiria e il suo tempo*, a cura di Paolo Bertetto e Gianni Rondolino, Torino-Milano, Museo Nazionale del Cinema-Il Castoro, 1998; per quanto riguarda il resto della produzione europea segnaliamo almeno due saggi contenuti nel volume miscellaneo *Early Cinema: Space, Frame, Narrative*, a cura di Thomas Elsaesser, London, BFI, 1990: Leon Hunt, "*The Student of Prague*: Division and Codification of Space", pp. 389-401 e Ben Brewster, "Deep Staging in French Films 1900-1914", pp. 45-55.

6 Prima dell'omaggio già citato, svoltosi durante l'edizione 2013 del Cinema Ritrovato, nel 1993 le Giornate del cinema muto di Pordenone, considerando l'importanza dell'annata nella storia del cinema, avevano già dedicato alla produzione del 1913 un'intera retrospettiva; per l'occasione sull'argomento furono pubblicati due numeri speciali delle riviste *Griffithiana* (n. 50, maggio 1994) e *1895* (Hors série: *L'année 1913 en France*, a cura di Thierry Lefebvre e Laurent Mannoni, ottobre 1913). Sull'importanza

del 1913 per il cinema italiano si veda anche Jacopo Comin, "Ma l'amor mio non muore!", *Bianco e Nero*, n. 4, 30 aprile 1937, pp. 99-116.

7 Uno dei primi a porre l'attenzione sulla trasformazione spaziale messa in atto dal cinema muto italiano e in particolare da Enrico Guazzoni, regista di *Quo vadis?*, è stato Roberto Paolella nel saggio "I valori dell'opera di Enrico Guazzoni nella storia del cinema", *Bianco e nero*, n. 11, novembre 1949. Lo studio rimane un punto di riferimento anche per i contributi successivi dedicati al film, malgrado negli anni le ricerche abbiano permesso di correggere alcune imprecisioni filmografiche e posto l'attenzione su precedenti importanti che anticiparono molti degli aspetti della costruzione dello spazio guazzoniana. Cfr Silvio Alovisio, "Prove di kolossal. L'invenzione dello spazio ne *La caduta di Troia*", *Cinegrafie*, n. 18, 2005, pp. 131-154.

8 «Al nostro giungere lo stuolo degli invitati, fra cui abbondano eleganti signore e signorine che sfoggiano le nuove e aggraziatissime toilette estive, è già folto e sempre si va ognor più addensando per l'ininterrotto sopraggiungere, di minuto in minuto, di nuove automobili recanti nuovi invitati. A tutti fa gli onori di casa quel gran signore che è Mario Caserini, in unione alla gentile signora Maria Caserini-Gasparini, alla quale offriamo un mazzo di rose unitamente ai nostri più caldi ed ammirati omaggi» ("La Film Artistica Gloria. Le prossime novità", *La Vita Cinematografica*, a. IV, n. 9, 15 maggio 1913, p. 29); «Della grandiosa e spettacolosa film parleremo diffusamente dopo la prima rappresentazione a pagamento. Per ora diciamo soltanto che per quanto diligenti cronisti a fine spettacolo non ci è riuscito di determinare il numero delle bottiglie di Champagne che giostrarono fra gli invitati e chi aveva invitato per festeggiare una delle più superbe sensazioni

di bellezza cui abbiamo assistito in vita nostra» ("La Film Artistica Gloria", *La Vita Cinematografica*, a. IV, n. 10, 30 maggio 1913, p. 79); «Il banchetto [per l'anteprima de *La Pantomina della morte*] si protrasse animatissimo sino a tarda ora, rallegrato da scelta musica, e si svolse in mezzo agli auguri più fervidi per i futuri successi.» ([Rondone],"Il battesimo della Caserini-Film", *La Vita Cinematografica*, a. VII, 30 agosto 1916, p. 6).

9 Caserini propone la frase come proprio motto di riferimento in un'intervista rilasciata all'amico Antonio Cavallaro in "La film artistica Gloria. Intervista col Signor Mario Caserini", *La Vita Cinematografica*, a. IV, n. 1, 15 gennaio 1913, pp. 6-7.

10 Per una ricostruzione storica delle vicende produttive della Film Artistica Gloria rimandiamo ad Aldo Bernardini, "Film artistica Gloria: storia di una casa di produzione", *Bianco e Nero*, n. 6, novembre-dicembre 1999, pp. 119-141.

11 Il kolossal storico di Caserini doveva inizialmente essere un'ennesima versione del best seller *Gli ultimi giorni di Pompei* pubblicato da Edward Bulwer-Lytton nel 1834. La storia era stata alla base di un film di grande successo prodotto dall'Ambrosio nel 1908. Nel 1913 la stessa Ambrosio mise in cantiere una nuova versione tratta dalla stesso soggetto, subito seguita dalla Pasquali Film che, probabilmente intendendo sfruttare a suo vantaggio il battage pubblicitario messo in campo dalla più ricca rivale, annunciò un secondo adattamento per quello stesso anno. La diatriba finì in tribunale, dando vita ad una delle prime cause italiane concernenti il diritto d'autore al cinema. Caserini, non volendo entrare in polemica con i concorrenti e temendo che una sovraesposizione del soggetto ne avrebbe limitato il successo, cambiò in corso d'opera il progetto del suo film storico, riadattando il girato alla vicenda del più sanguinario im-

peratore romano e utilizzandolo per il suo film successivo, *Nerone e Agrippina* (1914). A causa di questo episodio, ancora oggi circolano copie de *Gli ultimi giorni di Pompei* diretto per la Ambrosio da Eleuterio Rodolfi con l'errata attribuzione a Caserini.

12 «La Film Artistica Gloria vincendo le maggiori offerte di alcune Case italiane si è assicurata la priorità di Lidia [sic] Borelli la celebre, *charmante* artista italiana per l'interpretazione di due grandi lavori», Pubblicità della Film Artistica Gloria comparsa su *La Vita Cinematografica*, a IV, n 9, 15 maggio 1913.

13 Le caricature di Lyda Borelli e di Mario Caserini qui riprodotte nella sezione immagini (apparse rispettivamente su *La Vita Cinematografica*, a IV, n 10, 30 maggio 1913, p. 44; e su *La Vita Cinematografica*, a IV, n 11, 15 giugno 1913, p. 79), provengono dalla collezione del Museo Nazionale del Cinema di Torino.

14 Le critiche alla Bernhardt erano sempre ispirate al rispetto e alla galanteria, ma tra le righe si intuisce spesso la delusione per le sue interpretazioni sullo schermo: «Quanti, e quanti celebri interpreti del teatro drammatico noi conosciamo, che non riuscirono a piacere in cinematografia per la loro mancata potenza comunicativa, malgrado le loro infinite risorse artistiche! La stessa maschera tragica di Sarah Bernhardt non sempre raggiunge quel grado di perfezione richiesto dalla cinematografia» (Raymond, s.t., *L'illustrazione cinematografica*, n. 6, 1 aprile 1912, p. 320).

15 Per un approfondimento sulle bizzarre figure di Bonetti e Monleone rimandiamo a Maurizio Ferretti e Bruno Settembrini, "Il melocinegamo: esperimento di cinema sonoro", *Immagine*, n. 14, primavera 1990, pp. 22-27.

16 Maria Caserini Gasparini svolse un ruolo importante nella carriera creativa del marito; cfr. Stella Dagna, "La musa creatrice. Maria Gasparini e *La ribalta* (1912)", *Bianco e nero*, n. 570, novembre 2011, pp. 38-47.

17 Filippo Tommaso Marinetti e Bruno Corra, "La risata italiana di Petrolini, Cangiullo, Balla, Bruno Corra", *L'Italia futurista*, 1 luglio 1917, p. 1.

18 La canzone *Ma l'amor mio non muore!* non è l'unica citazione che Petrolini trasse dal film di Caserini. Il suo famoso personaggio Gastone, infatti, fu ispirato proprio alla figura di Mario Bonnard, protagonista maschile della pellicola; nella canzone che prende il nome dal personaggio Petrolini recita: «Ogni cuore si accende ed arde / Perché ci ho gli occhioni belli / Le basette alla Bonnard / Ed i gesti alla Borelli».

IL FILM

1. *Diva dolorosa: la donna nuova sullo schermo tra eros e sacrificio*

Ma l'amor mio non muore! fu dunque il primo diva-film italiano. Il tipo di donna incarnato in quell'occasione da Lyda Borelli ebbe una grande eco nella società italiana e ne rappresentò un'espressione particolarmente significativa, il che non stupisce considerando il fascino dell'attrice e il successo del film.

La data simbolica che di solito viene ricordata come inizio del divismo cinematografico europeo è il 1910, quando l'attrice danese Asta Nielsen comparve in *Aufgrunden* (Urban Gad), interpretando una donna passionale che sacrifica tutto alla passione amorosa. Il fascino del personaggio interpretato in quell'occasione dalla neo diva risiede proprio nella sua complessità psicologica di donna normale alle prese con impulsi che non sa controllare. Per ragioni di ordine sociale e morale, tuttavia, questo tipo di carattere non ebbe molta fortuna nel cinema italiano, che preferiva una lettura meno chiaroscurale della natura femminile, più consona alla morale borghese e cattolica: le donne erano di solito angeli del focolare o demoni peccaminosi. Tra questi due estremi si colloca un terzo modello di riferimento: la donna "caduta" nel peccato ma di indole generosa, diretta discendente della *Signora delle Camelie* di Alexandre Dumas e parente ancor più stretta di Violetta Valery, la protagonista "traviata" dell'opera di Verdi.

Il pubblico aveva tributato il proprio apprezzamento a diverse attrici italiane fin dai primi anni del cinema, ammirando la grazia di Fernanda Negri Pouget, la verve di Gigetta Morano, l'intensità di Mary Cleo Tarlarini. Nessuna di loro, tuttavia, può contendere il primato di prima vera diva italiana a Lyda Borelli, che fin dal suo debutto portava con sé il proprio bagaglio di fama teatrale. Questo presupposto, naturalmente, faceva sì che il pubblico si accostasse al suo primo film con delle aspettative particolari, di cui occorreva tener conto nella scelta del soggetto e della messa in scena.

A teatro, malgrado avesse interpretato sia drammi sia commedie, il suo maggior successo era stato la *Salomé* di Oscar Wilde. La corrispondenza tra il temperamento dell'attrice e le atmosfere wildiane era forte: le sue posture, la sua figura, gli atteggiamenti stilizzati e il guardaroba in gran parte disegnato da Mariano Fortuny ricordavano moltissimo le illustrazioni liberty dell'artista Aubrey Beardsley, pubblicate come apparato iconografico proprio della *Salomé*, tanto che non è azzardato ipotizzare un'influenza diretta dell'illustratore sullo stile della diva[1].

Nonostante un tale successo, non era consigliabile riproporre sullo schermo un personaggio morboso e decadente come la figliastra di Erode. Una vicenda del genere non era nelle corde di Caserini e avrebbe inoltre rischiato di incorrere subito nelle maglie della neonata censura per il tema troppo scopertamente erotico; in più esisteva il rischio che un personaggio di *dark lady* non si sarebbe cattivato le simpatie degli spettatori cinematografici, meno raffinati e disincantati di quelli teatrali[2].

Ma l'amor mio non muore! cucì dunque addosso a Lyda Borelli il personaggio di Elsa Holbein. Vittima bellissima di un destino avverso, donna fatale suo malgrado, Elsa incarna un modello di "diva dolorosa", un modello femminile che affonda le radici nella solida tradizione del melodramma popolare. Come Violetta Valery e come Margherita Gauthier, l'eroina del romanzo di Dumas, non può amare liberamente il suo compagno senza arrecargli danno, senza dividerlo dalla sua famiglia e allontanarlo dai suoi doveri sociali; mentre però queste eroine letterarie e teatrali avevano effettivamente un passato di mantenute da farsi perdonare, lei non ha colpa alcuna, a meno di non voler considerare un peccato grave quello di aver garbatamente civettato con l'uomo sbagliato. Davvero poca cosa anche in confronto ai trascorsi della *Manon Lescaut* pucciniana che, morendo, pronuncia le parole prestate al titolo del film.

Il personaggio di Elsa è in evoluzione: inizialmente la protagonista è una ragazza felice, vivace e un po' viziata. Suona il piano per un bel giovanotto, ma è ancora il padre il suo vero punto di riferimento. Il languore, i movimenti lenti e l'espressione nostalgica che assumerà nella seconda parte del film, e che diverranno il suo marchio distintivo di idolo degli schermi, non sono connaturati al suo carattere, bensì prodotti dalle infauste circostanze. Molta parte del suo fascino risiede proprio nel contrasto tra l'apparente brillantezza di una vita di mondanità e la malinconia seguita al trauma che la rende insensibile a tutte queste cose. Elsa viene travolta da un grande successo, ma appena rimasta sola nella stanza piena di fiori scoppia in lacrime ricordando la morte del padre; nel corso di una cena allegra, il suo sguardo si perde nel vuoto; esce a cavallo solo per trovare un luogo isolato dove stare sola.

Lo sdoppiamento dell'immagine pubblica con quella privata, sottolineata dall'utilizzo dello pseudonimo di Diana Cadouleur (Che dolore! *nomen omen*), è un tema cardine del film. Sulla scena, a parte l'interpretazione finale de *La traviata*, Diana veste i panni della donna fatale; la prima volta calca il palcoscenico nei panni di Salomé, avvolta in un costume lussureggiante che ricorda quello già indossato dalla Borelli a teatro (fig. 3), mentre nella seconda apparizione si avvolge in uno scialle spagnolo accennando passi di flamenco, evocando la Carmen di Bizet, altro modello di donna indomabile e sprezzante. Ma è solo finzione. In camerino Elsa/Diana si toglierà il costume e svelerà la sua vera natura di donna fragile, sofferente e dai costumi irreprensibili.

Nonostante le avversità, infatti, la "diva dolorosa", essere eccezionale per bellezza, eleganza e talento, è provvista di un acuto senso della morale, nel senso borghese del termine. Il film non lesina dettagli tesi a fugare ogni possibile dubbio sulla condotta della protagonista: nelle occasioni mondane Elsa è sempre accompagnata dall'impresario Schaudard, galante ma tanto vecchio e bonario da ritagliarsi il ruolo di chaperon; senza tanti complimenti mette alla porta (del camerino) un ammiratore troppo sicuro di sé e appena possibile rinuncia senza apparente dispiacere a calcare le scene, come se la stessa esposizione pubblica della propria bellezza potesse rappresentare agli occhi della buona società una colpa da espiare.

In questa chiave, il vero antagonista di Elsa e delle donne che come lei incarnano il *topos* dell'innocenza perseguitata non è il Moïse Sthar di turno; la spia è un personaggio banale, non all'altezza di essere il vero *villain* della storia. Ciò che davvero si contrappone alla "diva dolorosa" è piuttosto il destino, il fato, degno avversario di un animo così grande. Questo spiega, per esempio, come mai nel film non venga stigmatizzato il terribile trattamento riservato a Elsa dopo il supposto tradimento del padre; se anche il colonnello Holbein fosse stato colpevole, cosa evidentemente non accertata dalle autorità del Granducato con sufficiente perizia, la condanna inflitta alla giovane figlia, esiliata e privata di ogni mezzo, appare inumana e crudele. Eppure il granduca, al momento della firma dell'estradizione, non ci viene presentato come un governante vendicativo: compie semplicemente l'atto cui la giovane è destinata. La scena del passaggio della frontiera evoca addirittura l'iconografia dell'approdo delle anime al regno dei morti, mostrando la Borelli avanzare lentamente, ricoperta da un fitto velo nero, come una sorta di spettro (fig. 4). Scoperto il volto davanti ai doganieri viene in avanti sola, a passi lenti, verso la macchina da presa. Da quel momento cambia il modo di fare, di muoversi, di vestire del personaggio.

Non è un caso se *Ma l'amor mio non muore!* sceglie di contrapporre la "diva dolorosa" alle figure psicologicamente complesse del cinema nordico e alle tradizionali *dark ladies*. Questo tipo di donna proponeva al pubblico, soprattutto alle spettatrici, una identificazione dal duplice vantaggio: ci si poteva immaginare vittime innocenti di una congiura romantica, senza bisogno di infrangere la morale, ma anche protagoniste mondane della lussuosa vita dei migliori alberghi. In linea con l'idea di eleganza allora in voga, che prevedeva al contempo il possesso di oggetti, abiti e abitudini lussuose, ma anche l'ostentazione di sublime indifferenza verso tutti gli aspetti materiali della vita, *Ma l'amor mio non muore!* mette in scena ambienti raffinati e vestiti eleganti concessi solo alle élite, senza tuttavia l'apparenza di compiacersene.

Al contempo il sacrificio femminile assume nel film i caratteri di destino inevitabile e sublime, completamente alieno a qualunque polemica contro l'ipocrisia dei benpensanti cui per esempio dava voce Dumas ne *La signora delle Camelie*. Tacitando ogni critica sociale e riconducendo la sofferenza delle donne, anche delle più eccezionali, a una dimensione estetica, il film simbolo del divismo italiano esprime appieno la mentalità dominante nel primo Novecento, offrendo un modello di virtù che, mentre propone la donna come oggetto di venerazione, rimane aderente alle dominanti idee conservatrici che la presuppongono destinata al sacrificio.

Il potere eversivo dell'eterno femminino, tuttavia, non può mai essere messo completamente a tacere, almeno a giudicare dal fatto che, malgrado tutte le accortezze per costruire un personaggio in armonia con il contesto sociale, l'erotismo trasfuso dalla sola presenza fisica di Lyda Borelli verrà percepito come la principale chiave di lettura del suo successo da un critico di eccezione come Antonio Gramsci: «In principio era il verbo... No, in principio era il sesso. [...] Questa donna è un pezzo di umanità preistorica, primordiale. Si dice di ammirarla per la sua arte. Non è vero. Nessuno sa spiegare cosa sia l'arte della Borelli, perché essa non esiste. La Borelli non sa interpretare nessuna creatura diversa da se stessa»[3].

2. *Lo stile attoriale di Lyda Borelli*

Malgrado le affermazioni provocatorie di Gramsci, l'arte attoriale della Borelli fu molto ammirata. La diva si ispira, secondo la prassi del tempo, alle pose dei prontuari teatrali, repertori che illustrano come esprimere le sfumature di diversi stati d'animo. Da qui derivano gli atteggiamenti dell'attrice che più colpirono e colpiscono l'immaginario: tirarsi indietro i capelli con le mani in segno di disperazione, appoggiare il mento sul dorso della mano per rappresentare la riflessione, incrociare le braccia al petto in segno di sofferenza[4].

Per un'attrice di prosa passare al cinema rappresentava una sfida tecnica soprattutto perché lo schermo imponeva di esprimere sentimenti e passaggi narrativi senza l'ausilio della voce che, nel caso di Lyda Borelli, era bassa e suadente, non ultimo tra i suoi strumenti di seduzione. Non bisogna mai dimenticare questa esigenza di espressione silenziosa quando oggi si giudica la tecnica recitativa del muto troppo barocca e il ricorso ai gesti standard dei prontuari troppo codificato. Più la vicenda era strutturata e la psicologia complessa, infatti, più si rendeva necessario alla comprensione che il gesto fosse stilizzato e semanticamente denso. Rifarsi a un codice gestuale riconosciuto dal pubblico non significava tuttavia ridurre lo spazio creativo dell'interprete: l'arte della Borelli, come è stato notato, non consiste solo nella grazia e nell'espressività delle pose, quanto nell'abilità nel passare dall'una all'altra[5]. In *Ma l'amor mio non muore!* la sua performance si avvicina alla danza per il senso del ritmo che dimostra nei rallentamenti e nelle accelerazioni, per la consapevolezza della relazione con lo spazio dello schermo e per l'armonia plastica che la sua figura riesce a mantenere costantemente con il resto degli elementi in scena.

I suoi assoli sono dei veri e propri monologhi corporei in cui di solito è possibile dare voce a ogni gesto. Se il più esemplare del film è quello recitato dopo la scoperta della vera identità del principe, non mancano gli esempi di virtuosismo anche in passaggi narrativi meno esibiti. Nel primo atto, per esempio, rimasta sola nel salone Elsa cerca i documenti scomparsi nella cartella lasciata cadere dal padre: esclusa l'ipotesi che le carte si trovino in qualche tasca nascosta, porta la mano alla tempia per riflettere, accenna ad alzarsi e all'improvviso sembra scacciare la preoccupazione con un piccolo gesto della mano. La politica, le responsabilità militari, sono cose che non la riguardano e nutre ancora la fiduciosa convinzione infantile che nulla possa turbare davvero la quiete della sua vita. All'improvviso, però, si volta e il suo sguardo cade involontariamente sul pianoforte, quindi trasalisce, intuendo improvvisamente il ruolo avuto nella scomparsa dei piani di difesa da Sthar, lo stesso uomo che la sera prima la corteggiava proprio mentre era seduta allo strumento (fig. 5). Il sospetto è troppo terribile, Elsa prova a calmarsi, si avvicina al pianoforte, dal gesto della mano capiamo che sta cercando di ricostruire gli avvenimenti della sera prima per capire se il suo supposto ammiratore possa davvero aver avuto l'occasione di sottrarre le carte dallo studio del padre. Una mano portata alla testa ci fa capire che ha compreso l'inganno subito, il viso tra le mani manifesta lo scoramento, le mani alzate al cielo e strette al capo tirando i capelli all'indietro rappresentano il senso di impotenza di fronte a un fatto così grave. Proprio per uscire da questa angosciosa impasse Elsa corre fuori campo a cercare Sthar, sperando di scacciare i dubbi destinati invece a venire confermati. Tutta questa gamma di sentimenti e pensieri sono espressi dall'attrice con estrema chiarezza e senza enfasi. Osservandola, è davvero come se tutto il sentire interiore del suo personaggio prendesse forma davanti a noi.

Le dive italiane sono state spesso ricordate e parodiate per la gestualità eccessiva e lo stile magniloquente. Non poca responsabilità nella diffusione di questa fama è della famosa descrizione che diede Salvador Dalì del loro "cinema isterico": «Ricordo quelle donne dal passo vacillante e convulso, le loro mani di naufraghe dell'amore che andavano accarezzando le pareti lungo i corridoi, aggrappandosi alle tende e alle piante, quelle donne la cui scollatura scivolava in continuazione dalle più nude spalle dello schermo, in una notte senza fine, tra scalinate marmoree e cipressi. In quell'epoca critica e turbolenta dell'erotismo, le palme e le magnolie venivano letteralmente prese a morsi, strappate coi denti da queste donne, il cui aspetto fragile e pre-tubercolare non escludeva tuttavia forme audacemente modellate da una gioventù precoce e febbricitante»[6].

La potenza suggestiva della descrizione coglie sicuramente la dialettica tra languore ed erotismo sublimato che fece la fortuna delle grandi attrici italiane degli anni Dieci. Tuttavia, nel riprenderla, i commentatori hanno limitato troppo spesso il loro giudizio alla segnalazione di un eccesso, senza entrare nel merito della tecnica attoriale di ogni singola interprete. Certamente la recitazione di Lyda Borelli non è naturalistica ma stilizzata, basti osservare l'inarcatura della schiena quasi deformante che assume nella scena in cui scopre il corpo del padre suicida (fig. 6)[7]. Al tempo stesso, tuttavia, ogni movimento è calcolato e misurato, mai abbandonato agli eccessi emotivi.

Richiesta da una rivista di settore di esprimersi su quali fossero gli elementi su cui un'interprete cinematografica deve puntare maggiormente per ottenere effetti espressivi efficaci, Lyda Borelli rispose che lei usava concentrarsi in modo speciale sugli occhi e sulle mani e ciò malgrado, come vedremo, il cinema che la vede protagonista risponda a un'estetica che fa raro uso dei dettagli e dei primi piani. Continua poi l'attrice su *L'arte muta:* «Ove un reale sentimento estetico non sorvegliasse questa delicata e vasta funzione psicologica ed emotiva delle mani e degli occhi correrebbe il rischio di scambiare una film drammatica con le fasi di una convulsione epilettica»[8], smentendo, almeno nelle intenzioni, proprio le accuse di isteria espressiva che le riserverà parte del pubblico del futuro.

3. *Unità narrative, profondità di campo e resistenza al montaggio: la sequenza del salone*

L'approdo di Lyda Borelli sullo schermo era un evento atteso. Anche se il titolo e il suo punto esclamativo promettevano una accattivante storia d'amore e il nome di Caserini aveva un certo richiamo[9], il pubblico accorse nelle sale dove proiettavano *Ma l'amor mio non muore!* soprattutto per vedere lei.

La sua prima entrata in scena andava dunque orchestrata con attenzione. Nella versione oggi conosciuta il film si apre sui protagonisti dell'intrigo spionistico, procrastinando l'apparizione che il pubblico attendeva e la conseguente gratificazione scopica provocata dal piacere di vedere finalmente ciò che si sta aspettando, secondo una consuetudine della scena teatrale. Il film non sfrutta subito l'escamotage apparentemente più ovvio per conquistare lo spettatore, cioè la ripresa ravvicinata del bellissimo viso della diva. Approfitterà di questa possibilità con parsimonia in altri momenti e in particolare nel finale, avvicinando la macchina da presa ai volti degli amanti mentre quello di lei è riverso e senza vita (figg. 7-8)[10], in una posizione che sembra anticipare la chiusura di *Cenere* (1916, Febo Mari), il film che qualche anno dopo vedrà protagonista Eleonora Duse, nume tutelare di tutte le dive italiane.

Caserini sceglie piuttosto una logica di continuità che non contrasti troppo con il modo in cui la sua attrice era fin lì solita proporsi al pubblico: la prima comparsa della Borelli sullo schermo è un campo totale fisso, costruito apparentemente secondo una logica non lontana da quella della scena teatrale. Lyda Borelli appare in figura intera, vestita di bianco, mentre scherza affettuosamente con il padre nel salone di casa. In profondità di campo sono visibili la sala da pranzo, inizialmente occultata da una tenda, e lo studio del padre. L'ambiente risulta sovradimensionato, i locali sullo sfondo appaiono all'orizzonte del quadro, lontani (figg. 9-10).

In questo bizzarro set tripartito si svolge una lunga scena di quasi dieci minuti, durante la quale quattro personaggi diversi cambiano posizione, atteggiamento e stato d'animo in una specie di danza o pantomima che li vede esplorare tutti i piani di profondità dello spazio a disposizione. Amore filiale, inganno, seduzione, spionaggio e poi scoramento, disperazione e sospetto, si intrecciano in questa complessa ripresa. Malgrado non si tratti di un piano-sequenza nel senso moderno del termine (la ripresa in continuità è interrotta in diversi momenti da inquadrature ravvicinate tese a sottolineare alcuni dettagli utili alla comprensione della storia), l'abilità nell'orchestrare gli elementi del quadro rende la scena una delle espressioni esemplari dello stile del cinema europeo degli anni Dieci che, come ricordato, prediligeva la composizione in profondità e ricorreva raramente al montaggio all'interno dello stesso ambiente e della stessa unità narrativa.

Tuttavia, al di là di una certa continuità con l'attività sul palcoscenico di Lyda Borelli, la struttura del set e l'intera messa in scena della sequenza, pur evocando il teatro, rispondono a logiche squisitamente cinematografiche, ispirate al modello del "quadro scacchiera" che considera la posizione di ogni elemento nello spazio della superficie schermica come rispondente a regole di composizione in relazione al resto dell'immagine[11]. Per comprendere questo tipo di estetica cinematografica vanno tenute in considerazione due differenze fondamentali tra cinema e teatro.

In primo luogo, il cinema tradizionale si basa sulla visione monoculare, mentre la visione umana (anche di uno spettacolo teatrale) avviene attraverso la rielaborazione delle immagini inviate al cervello da due occhi. La visione binoculare permette la percezione della tridimensionalità, mentre quella monoculare produce una visione bidimensionale, che rende lo spazio simile alla superficie di un quadro. Questa caratteristica dello schermo permette di ottenere alcuni effetti altrimenti impossibili, per esempio quelli legati alla variazione scalare, il mutamento di dimensioni che una figura subisce variando la sua distanza dalla macchina da presa. Appena il pubblico è stato gratificato dalla ripresa della Borelli in figura intera, per esempio, subito l'attrice si sposta verso il fondo del campo, divenendo una minuscola figuretta (figg. 9-10). Per tutto il corso della sequenza la messa in scena giocherà in tal modo a rimpiattino con l'istinto voyeuristico del pubblico, offrendo e negando la prossimità con il corpo della diva, oggetto scopico privilegiato.

In secondo luogo, a teatro ogni spettatore ha un punto di vista diverso sul palcoscenico mentre al cinema, indipendentemente dal posto occupato in sala, lo sguardo del pubblico sul mondo del film è quello selezionato dall'obiettivo della macchina da presa. Questa differenza è alla base di una delle tecniche principali sfruttate da Caserini e in generale dal cinema europeo per fornire ai propri spettatori informazioni importanti relative alla storia, ai personaggi e ai rapporti che intercorrono tra loro; tutte informazioni che si traducono nella struttura delle relazioni spaziali sullo schermo. Nessuno dei quattro personaggi presenti alla serata di casa Holbein è mai in una certa posizione per puro caso. L'entrata in campo di Moïse Sthar, in particolare, cambia le relazioni in campo; al suo arrivo, i personaggi si ritrovano disposti in una diagonale cromaticamente digradante che ai suoi vertici ha lui ed Elsa. Questa composizione sottende un legame complesso che non si esaurisce nel rapporto apparentemente sentimentale tra i due giovani: tra Elsa e Sthar sostano i colonnelli, vero centro dell'interesse della spia (fig. 11). I supposti innamorati, in effetti, dal punto di vista compositivo non costituiscono mai un elemento autonomo; dopo la composizione diagonale i quattro personaggi assumono una evidente quadrangolazione che pone ancora una volta in evidenza la non autonomia della coppia Elsa-Sthar. Questo tipo di geometrie, che svelano la natura delle relazioni tra personaggi, sono realizzabili solo sullo schermo; a teatro i rapporti spaziali varierebbero in base alla posizione della poltrona dello spettatore.

La seconda parte della sequenza è tutta giocata sul falso equilibrio tra le due coppie di personaggi in campo. Holbein e Theubner spiano bonariamente quello che credono essere un nascente idillio, senza accorgersi di essere a loro volta oggetto di uno sguardo occultato, molto meno benevolo. Quando Elsa siede al piano e Sthar le si accosta, l'immagine pare bilanciarsi, trovando nello strumento musicale un centro compositivo che si contrappone allo spostamento dei colonneli dalla parte anteriore del campo allo studiolo in fondo a destra. A rompere l'armonia della composizione sono però le linee dello sguardo di Sthar che, mentre sussurra tenerezze a Elsa, cerca continuamente di sbirciare cosa accade nello studiolo di Holbein. Questi sguardi guidano l'occhio e l'attenzione dello spettatore, indicandogli su cosa in quel momento è davvero importante concentrarsi; non tanto sulla bellissima coppia, quanto piuttosto sui due vecchi militari alle prese con i piani di fortificazione (fig. 12).

La sequenza del salone si chiude come si era aperta, con la rappresentazione dell'intimità della relazione tra padre e figlia, una circolarità che ricostruisce un equilibrio familiare apparente, ormai già minato dagli eventi della serata. Elsa, con sollecitudine, proibisce al padre di continuare a lavorare nel suo studio e giocosamente lo convince a seguirla nell'altra stanza per andare a riposare; se Holbein non le avesse dato retta avrebbe scoperto subito la scomparsa dei piani e forse Sthar avrebbe potuto essere fermato e catturato. Un'altra inconsapevole responsabilità che destina la protagonista all'espiazione e al sacrificio. Nel corso della scena, la messa in quadro invita l'attenzione del pubblico a soffermarsi anche su dettagli la cui importanza si svelerà solo in un secondo tempo: la memoria dell'esibizione della familiarità tra Elsa e Theubner nella scena del salone, per esempio, sarà fondamentale per creare il giusto clima emotivo al momento del loro successivo incontro presso il principe Massimiliano; in quell'occasione, il loro sguardo e il movimento appena accennato che Elsa fa con la mano per giustificarsi evocano il comune passato di cui il pubblico è stato testimone, esaltando per contrasto la tragicità del loro ritrovarsi faccia a faccia in un contesto tanto mutato.

La messa in scena si attiva dunque per evidenziare i punti di attenzione utili alla decodifica degli elementi del quadro, variabili con il procedere della sequenza. L'elemento principale di attrazione rimane comunque sempre la protagonista. Questa priorità naturale, dovuta al fascino e al carisma personale dell'attrice, è esaltata nell'intero film dalle tecniche della simmetria e della contrapposizione. Quando poi si siede al piano, come vedremo, diventa anche il centro propulsore di una musica immaginaria che, pur impossibile da ascoltare, contribuisce a costruire l'atmosfera della scena e le linee di forza dell'immagine.

4. *Il centramento alternativo: lo specchio in camerino*

Un cinema che costruisce il proprio spazio sui principi della profondità di campo e dell'autonomia narrativa dell'inquadratura propone un punto di vista molto diverso da quello implicito in un modello che frammenta lo spazio del racconto attraverso il montaggio. Per usare una metafora, si può paragonare lo spettatore di quest'ultimo a un fantasma, una presenza che si aggira nello spazio del racconto e può avvicinarsi ai visi degli attori, cambiare punto di vista, girarsi, senza che questo influenzi in alcun modo gli accadimenti intorno a lui. In breve, il sogno del voyeur. Chi guarda il cinema italiano degli anni Dieci, invece, è piuttosto paragonabile a un imperatore, che assiste dallo scranno a un grande spettacolo allestito appositamente per lui, in cui ogni elemento è funzionale alla visione che si avrà dal trono. Decidere se sia migliore il punto di vista di un fantasma o di un imperatore è soggettivo. Una cosa, però, l'imperatore di solito non potrà fare: voltarsi. Lo spettacolo è di fronte a lui, non intorno a lui. Così, fuor di metafora, nel modello di cinema cui si ispira *Ma l'amor mio non muore!* non è quasi mai usato il campo/controcampo, raccordo di montaggio che accosta la ripresa di un ambiente a quella ottenuta ruotando la macchina da presa di 180° circa. Questa tecnica è particolarmente importante perché fa sentire chi guarda al centro dello spazio del racconto, creando una frattura con l'estetica della quarta parete teatrale; si parla in questo caso di "centramento" spettatoriale[12].

Caserini, pur fedele al modello di costruzione spaziale “all’italiana”, non voleva rinunciare all’opportunità di far sentire il proprio pubblico dentro lo spazio della sua storia. Per farlo ricorre a una tecnica già utilizzata in modo efficace dal cinema nordico: la rappresentazione degli specchi.

Quando Elsa in seguito all’esilio diviene Diana Cadouleur e riscuote successo sulle scene, nel teatro in cui si esibisce le viene riservato un camerino di gran lusso, dominato da un’ampia specchiera a tre ante che occupa la parte sinistra del quadro. In camerino Diana ci viene mostrata tre volte, con gli abiti che indossa nelle tre inquadrature che la mostrano in scena: il costume da Salomè, lo scialle di Carmen, la camicia da notte di Violetta Valery. In tutte e tre le occasioni il tema della sequenza ambientata in camerino è la predominanza dell’istanza morale che, come abbiamo visto, caratterizza il personaggio. Elsa/Diana, con ancora indosso il provocante abito da principessa ebrea, allontana decisa gli ammiratori. Successivamente, sollecitata dall’amato Massimiliano, è in camerino che decide di rinunciare al teatro, alla fama e al rossetto che il principe cerca ripetutamente di toglierle di mano quale simbolo di leggerezza mondana. Soprattutto, sarà sempre in camerino che la diva, dopo l’appassionata riconciliazione con il principe, deciderà di uccidersi e berrà il veleno, trascinandosi poi a morire sulle scene come una vera "traviata". The show must go on.

In queste scene la specchiera assolve in primo luogo la classica funzione simbolica volta a rappresentare la doppia natura della protagonista, donna dolente costretta a vivere come un'artista mondana e di conseguenza a truccarsi e mascherarsi per comparire come tale al mondo; due modi di essere destinati a convergere solo nel finale, nel momento in cui la morte in scena sovrappone la rappresentazione dell'artista al dramma personale.

Al contempo, però, il riflesso degli specchi riveste un ruolo importante anche dal punto di vista spaziale, costruendo un modello di "centramento alternativo" per lo spettatore. La porta di ingresso in fondo alla stanza, infatti, nell'inquadratura è visibile solo nello specchio, in una posizione che la colloca dietro le spalle dello spettatore. In questo modo, senza ricorrere al montaggio, chi guarda può percepirsi come al centro di un ambiente che esiste anche intorno a lui. La tecnica è inizialmente utilizzata come virtuosismo compositivo, moltiplicando la densità degli elementi interni all'immagine; quando Elsa rientra inseguita dagli ammiratori, ci viene mostrata di spalle, mentre i gentiluomini che premono per entrare in campo a sinistra appaiono riflessi sulla destra, creando un effetto di accerchiamento opprimente intorno alla diva (fig. 13). In seguito lo specchio assume una funzione espressiva più strutturale; tornata sulle scene dopo la separazione, Elsa si sta preparando a interpretare l'ultimo atto de *La traviata* con indosso il costume di scena; è di spalle ma il suo viso rassegnato si scorge nel riflesso finché, all'improvviso, appare sconvolta da qualcosa che ancora il pubblico non può vedere (fig. 14); solo quando si scosta, nello specchio appare davanti alla porta in fondo il principe Massimiliano, accorso da lei (fig. 15). In questo modo Caserini ha creato un surplus di tensione, ritardando di qualche secondo nello spettatore la cognizione del ritorno e l'illusione di un possibile ricongiungimento. La passione della sfortunata coppia tocca l'apice nell'abbraccio e nel breve incontro, ma subito lui si deve allontanare e lei deve rientrare in scena. La divisione non è solo temporanea, la loro appartenenza a due mondi diversi sarà insuperabile e visivamente questo si traduce nella proiezione su due piani diversi dell'immagine dei due amanti: lui nel riflesso e lei nello spazio reale. Il carattere tragico ed effimero dell'incontro cui sono destinati si traduce quindi in una trovata visiva perfettamente coerente con i principi dell'inquadratura autarchica e della distribuzione dell'azione in profondità. L'ultimo riflesso è per Elsa e assume i caratteri dell'apparizione fantasmatica. Dopo aver bevuto il veleno, infatti, esce dalla porta in fondo, procedendo stentatamente per il dolore misto ai primi effetti dell'intossicazione; il suo percorso, visibile nello specchio, è un addio alla vita struggente, in cui anche il colpo di vento che mentre sta per uscire le smuove il vestito, pur svelando la probabile ripresa in esterni, diventa funzionale a questo clima simbolico ed emotivo.

5. *La parola scritta*

La parola scritta (e letta) in *Ma l'amor mio non muore!* assume in diversi snodi narrativi la funzione di dare corpo al corso del destino che, come abbiamo visto, segna in modo ineluttabile le vite dei personaggi. *Verba volant, scripta manent.* Il film, almeno nella versione oggi conosciuta, si apre con l'arrivo di una lettera, il cui contenuto – l'ordine a Sthar di sottrarre i documenti militari a Holbein – sarà causa scatenante di tutte le vicende successive. La rovina di Elsa è segnata dalla firma che il granduca appone al suo esilio e anche l'equivoco sulla reciproca identità tra lei e Massimiliano si crea perché entrambi spiano lo pseudonimo dell'altro, rispettivamente sull'indirizzo vergato su una busta e su un volantino pubblicitario. Sthar, dopo l'incontro in battello, appunta le sue calunnie su un taccuino, i granduchi le leggono riportate sui giornali e scrivono al figlio. Elsa siede alla stazione e compone una lettera d'addio.

Tutto questo scambio epistolare non è certo un unicum nel panorama del cinema degli anni Dieci[13]. Per sostenere la comprensione di vicende narrative complesse, quando le sintetiche indicazioni delle didascalie non si rivelavano sufficienti, era pratica comune ricorrere alle comunicazioni scritte, affidando informazioni chiave a lettere, telegrammi, appunti che i personaggi scrivono, si scambiano, perdono e trovano. Talvolta questa esigenza chiarificatrice può spingersi oltre i limiti di una sceneggiatura di buon senso: persone che si frequentano con assiduità affidano messaggi importanti ad un appunto su un notes, agenti segreti si lasciano sbadatamente cadere dalla tasca il foglietto di carta su cui hanno appuntato un codice segreto e così via.

In *Ma l'amor mio non muore!*, invece, non solo la ricorrenza della parola scritta è funzionale a un racconto verosimile, ma il momento della lettura e della scrittura viene sfruttato come occasione di approfondimento psicologico. In quest'ottica, mentre il personaggio si relaziona con la parola scritta, è concentrato sulle proprie reazioni più intime ed esegue quindi una sorta di monologo interiore. Leggendo la lettera che contiene l'ordine di rubare i piani di fortificazione, Sthar rivela subito una natura di avventuriero cinico e spregiudicato: stringe le labbra, ostenta indifferenza, una luce sinistra gli illumina lo sguardo (fig. 16): sta già elaborando un piano per portare a termine l'ordine ricevuto. La spia è un uomo d'azione, gli basta un attimo, si alza deciso dalla poltrona e si dirige fuori campo per mettere in atto la strategia ideata. In pochi momenti lo spettatore ha compreso non solo l'ambiguità del personaggio, ma anche il suo sangue freddo e la sua capacità di reagire rapidamente alle circostanze, caratteristiche che si riveleranno indispensabili durante il furto dei piani di fortificazione.

Se la natura di Sthar si svela subito allo spettatore che lo guarda leggere la lettera, uno dei momenti più riusciti del film riflette specularmente le possibilità introspettive offerte dalla rappresentazione dell'atto dello scrivere. Dopo aver scoperto, sempre grazie ad una missiva stavolta raccolta da terra, la vera identità del proprio innamorato, Elsa/Diana fugge dal principe, per tornare alla sua vita sulla costa; sempre elegantissima, attendendo il suo treno al bar della stazione, compie nel frattempo uno degli atti archetipici di ogni amante sfortunata: scrive una lettera di addio, seppur per interposta persona; la missiva è infatti indirizzata al colonnello Theubner, che spiegherà poi l'accaduto a Massimiliano (fig. 17).

La sequenza, ancora una volta, si risolve in una sola inquadratura fissa che riprende sulla sinistra l'attrice in mezza figura, seduta al tavolino di un caffè e sulla destra i binari del treno che si perdono in profondità di campo. Oltre a offrire un'ulteriore occasione di monologo muto all'arte recitativa di Lyda Borelli, la composizione sembra riunire in un'unica immagine due delle principali potenzialità dell'arte cinematografica: la ripresa ravvicinata di un viso e lo sviluppo della ripresa in profondità di campo, esaltato dal soggetto cinematografico per eccellenza: i binari del treno già protagonisti delle prime riprese Lumière.

6. *La musica silenziosa*

Ma l'amor mio non muore! a suo modo è un film musicale e non solo perché, come tutte le pellicole dell'epoca, la sua proiezione prevedeva un accompagnamento dal vivo. Malgrado si tratti di un film muto, è proprio la narrazione per immagini a essere percorsa da una rete di suggestioni, atmosfere e citazioni sonore.

Vari sono i modi in cui un film può evocare una musica senza ricorrere al suono. La tecnica più immediata è naturalmente la rappresentazione dell'atto del suonare e dell'ascoltare: in quasi tutti i momenti più importanti della sua storia Elsa canta o siede al piano, proponendosi ancora una volta come punto di convergenza degli elementi in campo. In quei momenti, infatti, all'equilibrio della composizione dell'immagine si aggiunge la consapevolezza che il punto in cui si trova la protagonista è divenuto fonte sonora, punto di fuga da cui irraggiano linee di forza di cui lo spettatore è ben conscio, pur senza udire nulla. Nella casa paterna Elsa suona per Moïse Sthar che finge di accettare l'implicita seduzione della performance pianistica, ma in realtà sta pensando a tutt'altro; la mattina, sarà proprio uno sguardo al pianoforte a rendere manifesto alla ragazza il tradimento del finto corteggiatore (fig. 5). Più tardi, ritrovata la felicità accanto al principe Massimiliano, l'inquadratura colloca la coppia in una posizione che evoca il triste precedente a casa Holbein, anche se questa volta è lui a sperimentarsi al piano sotto gli occhi indulgenti di lei; riproporre in questa nuova chiave la struttura della scena precedente sembra alludere al superamento di un trauma. Finalmente chi suona e chi ascolta sono uniti da un vero sentimento, Elsa può guardare avanti e superare il passato.

Il sottotesto sonoro di *Ma l'amor mio non muore!* si costruisce anche in relazione all'orizzonte musicale del pubblico cui il film era rivolto, mettendo in campo una rete di riferimenti a opere famose che probabilmente funzionavano anche da spunto per i musicisti incaricati di accompagnare il film improvvisando al piano. Le esibizioni di Diana Cadouleur, in particolare, evocano apertamente la *Salomè* di Strauss (1905), la *Carmen* di Bizet (1875) e *La traviata* di Verdi (1853-54)[14]. Il gioco metacinematografico per cui Lyda Borelli, grande attrice di teatro, ci viene mostrata in azione sul palcoscenico si carica così di un elemento in più: il canto. Molti spettatori conoscevano le arie citate e ancora oggi viene naturale, a chi è familiare con l'opera italiana, accompagnare mentalmente la scena dell'agonia di Elsa con l'"Addio del passato" cantato da Violetta agonizzante all'inizio del terzo atto de *La traviata*[15]; nel momento in cui la vita dei personaggi e la rappresentazione sul palcoscenico vengono a convergere e la natura scissa della protagonista si ricompone nel suo destino tragico, la musica evocata rappresenta un ulteriore elemento di uniformità tra i piani diversi del racconto, attutendo grazie al romanticismo della melodia la crudezza dell'epilogo (figg. 18-7).

Il sottotesto sonoro del film, infine, può essere rappresentato anche attraverso la messa in scena degli spazi in cui la musica risuona. Prima di conoscersi, Elsa e Massimiliano si incrociano e si notano sul terrazzo e nella hall dell'albergo, ma non si rivolgono mai la parola; il destino non vuole che il loro incontro avvenga nel teatro sociale dello spettacolo mondano. Uscita sola per una passeggiata a cavallo Elsa si imbatte in una piccola chiesa isolata quando per un caso, ma meglio sarebbe dire per volere del fato, incontra Massimiliano, fermatosi proprio in quell'angolo a leggere un libro. I due si guardano senza rivolgersi la parola, poi Elsa entra in chiesa e inizia a suonare un piccolo organo: lontano dai clamori del teatro, può produrre davvero un'armonia che esprima la sua natura dolente. È da questa musica, infatti, che verrà attirato il principe, fin lì trattenuto nel rapportarsi a quella che poteva credere solo una bellissima frivola artista[16]. Massimiliano si alza, entra in chiesa, le si avvicina; quando lei se ne accorge smette di suonare e alza gli occhi verso di lui: senza una parola è nato l'amore. È bastata la musica. Rispetto alla maggior parte delle altre sequenze del film, la scena ricorre al montaggio tra spazi contigui. Per raggiungere l'organo Elsa attraversa tre inquadrature: la scalinata in cui sosta anche il principe, il patio e l'interno della chiesa. Massimiliano, dopo aver vinto le ultime esitazioni, ripercorre le inquadrature prima attraversate da Elsa (figg. 19-20-21), come attirato da questa musica dell'anima, che lo spettatore non può sentire ma i cui effetti diventano il vero *deus ex machina* del nuovo amore e dunque dell'intero film.

7. *Il restauro del film*

Quando si guarda un'opera appartenente a un'epoca passata bisognerebbe sempre ricordare che la sua storia è duplice: un film è un racconto per immagini e dunque la sua storia riguarda il modo in cui è stato prodotto, lo stile con cui racconta e comunica, come è stato accolto dal pubblico e dalla critica; allo stesso tempo però un film è anche il suo supporto, le copie materiali che lo hanno portato in giro per il mondo. Anche le vicende delle copie, dunque, sono parte integrante della storia del film e questo è tanto più importante perché queste vicende influenzano profondamente l'aspetto di quello che oggi si offre ancora al nostro sguardo e alla nostra comprensione.

Rispetto alla maggior parte dei film muti italiani *Ma l'amor mio non muore!* ha il non piccolo vantaggio di essere oggi disponibile in DVD, nella versione restaurata nel 2013.

Il restauro è stato realizzato a partire dal negativo camera conservato alla Fondazione Cineteca Italiana di Milano. Il negativo camera è la pellicola che scorreva nella macchina da presa al momento della ripresa, vale a dire, dal punto di vista della qualità dell'immagine, la fonte migliore che un restauratore possa augurarsi di avere a disposizione anche se, come spesso accade e come avviene anche nel caso di *Ma l'amor mio non muore!*, questo tipo di elemento non contiene le didascalie originali[17]. Fortunatamente anche la Cineteca Nazionale di Roma conserva una copia nitrato del film, colorata e con le didascalie d'epoca, anche se fortemente lacunosa: solo 216 metri su una lunghezza originale dichiarata di 2600[18].

La brevità del frammento romano non ha permesso il reintegro dei colori, ma ha fornito una traccia sicura per la ricostruzione della grafica delle didascalie e per il testo delle prime dieci. Le altre, il cui inserimento era indispensabile per rendere comprensibile la vicenda, vanno considerate un'ipotesi di lavoro e sono state stilate in base alle sinossi del film contenute nelle brochure pubblicitarie conservate dall'archivio del Museo Nazionale del Cinema di Torino. Il restauro si propone come un'ipotesi di ricostruzione della versione in sei atti distribuita in Italia nel 1913.

Cosa significa questo per chi guarda *Ma l'amor mio non muore!* oggi? Significa, per esempio, che occorre considerare che il bel bianco e nero della copia restaurata non è quello del film all'epoca della sua uscita; sugli schermi del 1913 il grande salone di casa Holbein la sera era soffuso di rosa, mentre la mattina della tragedia lo invadeva una squillante luce gialla, in contrasto con la cupezza degli eventi; allo stesso modo il primo sguardo che si scambiano Elsa e Massimiliano sulla terrazza dell'hotel non avviene durante un allegro pranzo in cui tutti si sono erroneamente presentati in abito da sera, come potrebbe sembrare a giudicare dalla luce diurna evidente nelle copie oggi disponibili. Nel 1913 l'imbibizione blu restituiva alla sequenza l'atmosfera di una tarda serata, suggerendo che la compagnia stava probabilmente festeggiando l'ennesimo trionfo teatrale di Diana Cadouleur (fig. 22).

Allo stesso tempo, nel fare un'analisi stilistica del film, non bisogna dimenticare che non possiamo trattare tutte le didascalie allo stesso modo, ma dobbiamo far caso a quali sono quelle non originali, contrassegnate da una R di "ricostruzione" in basso a sinistra. Per esempio, se siamo ragionevolmente certi che Caserini intendesse inquadrare subito Moïse Sthar facendo precedere la sua comparsa dalla didascalia «Moïse Sthar, l'agente segreto», non possiamo essere altrettanto sicuri che in origine l'abbandono delle scene di Elsa fosse annunciato con le parole: «Per amore Elsa decide di abbandonare il teatro»; il testo in questo caso è un'ipotesi, la didascalia originale poteva riportare una frase più poetica o addirittura un discorso diretto.

Il restauro lavora per contrastare i danni del tempo, ma l'idea di poterli cancellare del tutto è un'illusione. Guardare un film del passato significa anche fare un piccolo viaggio nel tempo e comprendere come guardava allo schermo una generazione diversa dalla nostra.

Note

1 Per una riflessione sull'iconografia borelliana e in particolare sull'efficacia simbolica di alcuni costumi feticcio della diva si vedano Ivo Blom, "Lyda Borelli e la nascita del glamour. Dal teatro, via pittura e fotografia, al cinema", in *Attraversamenti. L'attore del Novecento e l'interazione fra le arti*, a cura di Silvana Sinisi, Isabella Innamorati e Marco Pistoia, Roma, Bulzoni, 2010, pp. 69-96; Elena Mosconi, "Lyda Borelli as Liberty Icon", in *Not So Silent: Women in Cinema Before Sound*, a cura di Sofia Bull e Astrid Söderbergh Widding, Stockholm, Acta Universitatis Stockholmiensis, 2010, pp. 137-148.

2 Qualche anno dopo sarà Pina Menichelli a raccogliere la sfida e incarnare sullo schermo il tipo della *belle dame sans merci* in film come *Il fuoco* (Giovanni Pastrone, 1915), *La moglie di Claudio* (Gero Zambuto, 1918) e, almeno nella versione italiana, *Tigre reale* (Giovanni Pastrone, 1916).

3 Antonio Gramsci, "In principio era il sesso...", *Avanti!*, 16 febbraio 1917.

4 Per approfondire la tecnica di recitazione di Lyda Borelli rimandiamo a Cristina Jandelli, *Le dive italiane del cinema muto*, Palermo, L'Epos, 2006. Nel testo sono analizzate anche alcune sequenze tratte da *Ma l'amor mio non muore!*. Per una contestualizzazione della tecnica di Lyda Borelli nel teatro del suo tempo, anche in rapporto alla sua carriera cinematografica, rimandiamo a Mattia Lento, "Spalle al pubblico. Lyda Borelli tra cinema e teatro", *Bianco e Nero*, a. LXXI, n. 568, pp. 109-116.

5 Ben Brewster, Lea Jacobs, *Theatre to Cinema. Stage Pictorialism and the Early Feature Film*, Oxford, Oxford University Press, 1997. Anche Brewster e Jacobs si soffermano con attenzione su *Ma l'amor mio non muore!*, in particolare sulla sequenza ambientata

nel salone di casa Holbein e su quella in cui Elsa scrive una lettera seduta al tavolino di un bar della stazione. Per una riflessione sul gesto melodrammatico nel primo cinema rimandiamo a Elena Dagrada, "Emozioni di celluloide. Melodramma e gestualità nel cinema delle origini", in *Verità indicibili. Le passioni in scena dall'età romantica al primo Novecento*, a cura di Paola Bertolone, Roma, Bulzoni, 2010, pp. 301-327.

6 Salvador Dalì, "Abregé d'une histoire critique du cinéma", in *Babaouo. C'est un film Surréaliste*, Ed. des Cahiers Libres, 1932, p. 14, citato in italiano in Pietro Bianchi, *La Bertini e le dive del cinema muto*, UTET, Torino, 1969, pp. 140-141.

7 Anche la tecnica attoriale subisce l'avvicendarsi delle mode, come dimostra un divertente articolo pubblicato nel 1933 da Mario Bonnard. L'attore racconta come lo stesso pubblico che venti anni prima tributò a *Ma l'amor mio non muore!* un successo delirante, negli anni Trenta, nel corso di una proiezione del film dedicata ai classici del passato, si divertì a beffeggiare gli abiti, le pettinature, gli atteggiamenti di quegli stessi attori che erano stati il modello di riferimento per l'eleganza di una generazione. «Accidenti che sorbe!» commenta Bonnard che assistette allo spettacolo col bavero rialzato per non essere riconosciuto dagli spettatori ilari (Mario Bonnard, "Io non sono io", *Il Dramma*, 1 ottobre 1933, ora in *Immagine*, n. 7, Inverno 1987-1988, pp. 27-29).

8 Lyda Borelli, "Bellezza ed eleganza", *Arte Muta*, a. I, n. 6-7, 15 dicembre 1916, p. 11. All'epoca il termine "film" era di genere femminile.

9 Mario Caserini fu tra i primi registi italiani a dichiarare la paternità dei propri film anche a scopo pubblicitario. Nel cartello iniziale dei *credits* di *Ma l'amor mio non muore!* compare non solo il nome del regista, ma anche quello di Angelo Scalenghe,

suo operatore di fiducia. Questo riconoscimento dei ruoli tecnici nella produzione del film era all'epoca tutt'altro che scontato.

10 Elena Dagrada riconosce nel diffuso utilizzo del mascherino nei film delle origini la traccia delle macchine ottiche atte a mediare tra occhio e mondo (Elena Dagrada, *La rappresentazione dello sguardo nel cinema delle origini in Europa. Nascita della soggettiva*, Bologna, CLUEB, 1998); in questo senso il mascherino ovale che incornicia l'ultima immagine di *Ma l'amor mio non muore!* può essere interpretato come un rimando ai binocoli da teatro con cui il pubblico scrutava Lyda Borelli da vicino nel corso delle sue performance sul palcoscenico.

11 La metafora del "quadro scacchiera" è proposta da Silvio Alovisio, "L'Itala Film nei primi anni Dieci: ipotesi per un'analisi stilistica", cit.

12 Sul concetto di "centramento" dello spettatore cfr. Noël Burch, *Light to those Shadows*, London, BFI Pubblishing, 1990 (tr. fr. riveduta , *Le lucarne de l'infini. Naissance du langage cinématographique*, Paris, Nathan, 1991; tr. it., *Il lucernario dell'infinito. Nascita del linguaggio cinematografico*, Parma, Pratiche, 1994).

13 Si veda Elena Dagrada, "Le film épistolaire", in *Scrittura e immagine. La didascalia nel cinema muto / Writing and Image. Titles in Silent Cinema*, a cura di Francesco Pitassio e Leonardo Quaresima, Udine, Forum, 1998, pp. 255-264.

14 Alcuni commentatori riconoscono nell'ultimo spettacolo di Diana Cadouleur una rappresentazione de *La signora delle Camelie* di Dumas. Tuttavia, dal momento che Diana è una cantante e che le altre rappresentazioni la vedono impegnata in numeri musicali, ci sembra più coerente pensare che la sua morte avvenga nel corso dell'ultimo atto de *La traviata* verdiana.

15 Interessante, in questo senso, l'esperimento sonoro proposto nell'edizione del film in DVD, a cura di Mariann Lewinsky: oltre alla traccia con la musica per pianoforte di Francesca Badalini, infatti, è possibile scegliere di visionare le immagini con accompagnamento assemblato a partire da arie d'opera e canzoni d'epoca, selezionate per affinità tematica e d'atmosfera.

16 Nelle sinossi pubblicate dalle brochure pubblicitarie del film si racconta come il principe Massimiliano, dopo aver scoperto l'identità della bella sconosciuta grazie al volantino di un suo spettacolo, si rechi ogni sera a teatro per assistere alle esibizioni di Diana Cadouleur. L'incontro in chiesa avverrebbe dunque dopo questo muto corteggiamento. Nelle copie oggi disponibili vediamo Massimiliano leggere il foglio pubblicitario, ma non c'è traccia della sua assidua frequentazione teatrale. Si tratta probabilmente di una lacuna, anche se non si può escludere un'imprecisione nella sinossi che potrebbe essere stata licenziata prima della chiusura della lavorazione del film – sinossi riportata nella brochure del Cinema Borsa di Torino (numero d'inventario: P41749), e nel foglio pubblicitario del Cinematografo della Borsa di Bologna (numero d'inventario: P41750), entrambi conservati nella collezione del Museo Nazionale del Cinema di Torino. Le scansioni di questi documenti, insieme a quelle di una ricchissima parte delle collezioni di materiali cartacei, fotografici e pubblicitari del Museo relativa al cinema muto torinese, sono consultabili sul sito http://www.museocinema.it/collezioni/Muto.aspx.

17 All'epoca, infatti, il più delle volte il montaggio avveniva direttamente sui positivi, anche per permettere di sottoporre le diverse inquadrature ai bagni chimici previsti per ottenere imbibizioni e viraggi; le didascalie, dunque, venivano stampate e montate direttamente sulle copie positive.

18 Un riversamento del frammento colorato conservato a Roma è visionabile tra gli extra del DVD più volte citato. Per un approfondimento relativo all'intervento di restauro rimandiamo a Claudia Gianetto e Marian Lewinsky, "Note sul restauro", in *Ma l'amor mio non muore!* (booklet allegato al dvd del restauro), edizioni Cineteca di Bologna-Museo Nazionale del Cinema-Fondazioni Cineteca Italiana, 2013, pp. 11-12.

Fig. 1

Fig. 2

Fig. 3

Fig. 4

Fig. 5

Fig. 6

Fig. 7

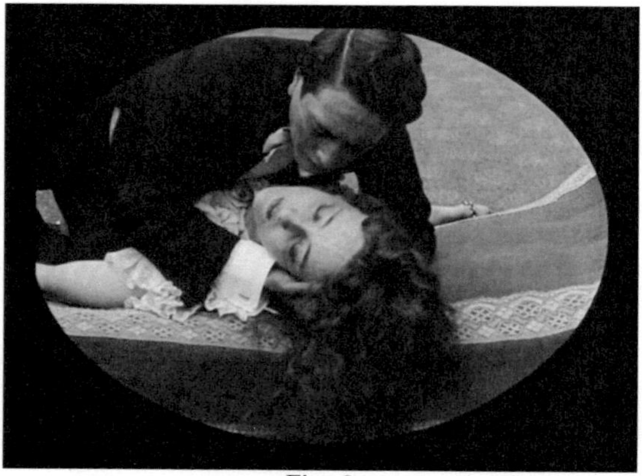

Fig. 8

Fig. 9

Fig. 10

Fig. 11

Fig. 12

Fig. 13

Fig. 14

Fig. 15

Fig. 16

Fig. 17

Fig. 18

Fig. 19

Fig. 20

Fig. 21

Fig. 22

BIBLIOGRAFIA SELETTIVA

ALOVISIO, Silvio, "L'Itala Film nei primi anni Dieci: ipotesi per un'analisi stilistica", in *Cabiria e il suo tempo*, a cura di Paolo Bertetto, Gianni Rondolino, Torino – Milano, Museo Nazionale del Cinema – Il Castoro, 1998, pp. 244-266.

BERNARDINI, Aldo, *Cinema muto italiano (1910-1914)*, Roma-Bari, Laterza, 1982.

BLOM, Ivo, "Lyda Borelli e la nascita del glamour. Dal teatro, via pittura e fotografia, al cinema", in *Attraversamenti. L'attore del Novecento e l'interazione fra le arti*, a cura di Silvia Sinisi, Isabella Innamorati e Marco Pistoia, Roma, Bulzoni, 2010, pp. 69-96.

BREWSTER Ben, "Deep Staging in French Films 1900-1914", in *Early Cinema: Space, Frame, Narrative*, a cura di Thomas Elsaesser, London, BFI, 1990, pp. 45-55.

BREWSTER Ben, JACOBS, Lea, *Theatre to Cinema. Stage Pictorialism and the Early Feature Film*, Oxford, Oxford University Press, 1997.

BRUNETTA, Gian Piero, *Il cinema muto italiano. Da "La presa di Roma" a "Sole". 1905-1929*, Roma-Bari, Laterza, 2008.

COMIN, Jacopo, "Ma l'amor mio non muore", *Bianco e Nero*, n. 4, 30 aprile 1937, pp. 99-116.

DAGNA, Stella, "La diva in cammino. La sfilata divistica come figura della messa in scena nel cinema di Mario Caserini", *Immagine*, n. 5, gennaio-giugno 2012, pp. 57-85.

DAGRADA, Elena, "Emozioni di celluloide. Melodramma e gestualità nel cinema delle origini", in *Verità indicibili. Le passioni in scena dall'età romantica al primo Novecento*, a cura di Paola Bertolone, Roma, Bulzoni, 2010, pp. 301-327.

DAGRADA, Elena; GAUDREAULT, André; GUNNING, Tom, "Lo spazio mobile. Del montaggio e del carrello in *Cabiria*", in *Cabiria e il suo tempo*, a cura di Paolo Bertetto, Gianni Rondolino, Torino – Milano, Museo Nazionale del Cinema – Il Castoro, 1998, pp. 151-183.

DE KUYPER, Eric, "Le cinéma de la seconde époque: le muet des anées dix", *Cinémathèque*, n. 1, 1992, pp. 28-35.

DE KUYPER, Eric, "Le cinéma de la seconde époque: le muet des anées dix", *Cinémathèque*, n. 2, 1992, pp. 58-68.

DELLE VACCHE, Angela, *Diva. Defiance and Passion in Early Italian Cinema*, Austin, The University of Texas Press, 2008.

HUNT, Leon "*The Student of Prague*: Division and Codification of Space", in *Early Cinema: Space, Frame, Narrative*, a cura di Thomas Elsaesser, London, BFI, 1990, pp. 389-401.

JANDELLI, Cristina, *Le dive italiane del cinema muto*, Palermo, L'Epos, 2006.

LENTO, Mattia, "Spalle al pubblico. Lyda Borelli tra cinema e teatro", *Bianco e Nero*, a. LXXI,n. 568, pp. 109–116.

PANTIERI, José, *Lyda Borelli*, Roma, MICS, 1993.

APPROFONDIMENTI INTERDISCIPLINARI

Ma l'amor mio non muore! potrebbe essere inserito nell'ambito di uno studio sui rapporti tra cinema e teatro nell'Italia del primo Novecento.

Dal punto di vista della tecnica attoriale, lo studio comparato delle interpretazioni di Lyda Borelli sullo schermo e sul palcoscenico offre un'occasione privilegiata per riflettere sulla relazione tra le due diverse forme di espressione. Se i film della diva sono in buona parte ancora visionabili, la sua attività teatrale è testimoniata da una messe molto ricca di recensioni, lettere, documenti e fotografie, in parte conservate nella collezione della Biblioteca e del Museo del Burcardo (www.burcardo.org).

Allo stesso tempo, *Ma l'amor mio non muore!* è un esempio interessante di come il cinema degli anni Dieci usasse rappresentare gli spettacoli eseguiti su un palcoscenico: in alcuni casi chiamando lo spettatore a identificarsi con il pubblico teatrale seduto in platea; in altri offrendogli punti di vista diversi, finalizzati a esaltare le proprie nuove possibilità di rappresentazione (per esempio riprendendo lo spettacolo da dietro le quinte o rappresentando il pubblico visto dal palco). Il tema fu molto frequentato in generale e nella produzione di Caserini in particolare. Il censimento delle sequenze in cui appaiono rappresentazioni teatrali presenti nei film del cinema muto italiano e l'analisi delle loro scelte di messa in scena possono offrire un utile strumento di riflessione per indagare le influenze e le differenze tra le due forme di spettacolo.

L'opera lirica influenzò massicciamente il cinema di quegli anni e in questa chiave il film di Caserini rappresenta uno stimolante punto di partenza per un approfondimento che investa gli aspetti tematici, figurativi e sociali di questo rapporto.

Ma l'amor mio non muore!, inoltre, potrebbe rappresentare un esempio interessante da approfondire nell'ambito dei *gender studies*, in relazione alla rappresentazione della figura femminile proposta dal divismo italiano degli anni Dieci, attraverso lo studio delle influenze letterarie, culturali, sociali sottese al personaggio della "diva dolorosa" e della sua relazione con i modelli coevi proposti da Francesca Bertini e Pina Menichelli. La ricerca potrebbe indagare in particolare la relazione tra questi personaggi femminili e i *topoi* narrativi del melodramma inteso sia nel senso più tradizionale di genere spettacolare, sia in quello più generale di categoria estetica dell'eccesso.

Al tempo stesso, nell'ambito degli studi sulla ricezione, altrettanti spunti potrebbe offrire una ricerca dedicata ai fenomeni di fanatismo ed emulazione che quello stesso modello di donna provocò nelle spettatrici del periodo.

SUGGERIMENTI FILMOGRAFICI

Per comprendere le caratteristiche del modello di costruzione spaziale in profondità che si impose per alcuni anni nel cinema europeo, può essere utile visionare alcuni dei film più importanti usciti nel "glorioso 1913". In Italia *Quo vadis?* (Enrico Guazzoni, 1913) e *Gli ultimi giorni di Pompei* (Eleuterio Rodolfi, 1913); particolarmente utile a comprendere le trasformazioni dello stile italiano il confronto tra quest'ultimo e la versione della stessa storia messa in scena pochi anni prima *Gli ultimi giorni di Pompei* (Luigi Maggi, 1908). In Europa, a titolo di esempio, si vedano anche *Germinal* (Id., Albert Cappellani, 1913), *Der Student von Prag* (*Lo studente di Praga*, Stellan Rye, 1913), *Ingeborn Holm* (Id., Victor Sjistrom, 1913).

Tra i film sopravvissuti della filmografia caseriniana, oltre a *Ma l'amor mio non muore!*, segnaliamo *Amleto* (1908), *Anita Garibaldi* (1910), *Nelly la domatrice* (1912), *Parsifal* (1912), *Dante e Beatrice* (1913), *Nerone e Aggrippina* (1914), *Il miracolo* (1920).

Tra quelli interpretati da Lyda Borelli vanno ricordati almeno *Malombra* (Carmine Gallone, 1917), *Rapsodia satanica* (Nino Oxilia, 1917), *Carnevalesca* (Amleto Palermi, 1918).

Per confrontare lo stile delle interpreti e i modi di rappresentazione del divismo negli anni Dieci, *Afgrunden* (*L'abisso*, Urban Gad, 1910) con Asta Nielsen rimane il prototipo dei film divistici europei. Per un confronto tra Lyda Borelli e le altre principali dive italiane si vedano Pina Menichelli ne *Il fuoco* (Giovanni Pastrone, 1915) e in *Tigre reale* (1917), nonché Francesca Bertini in *Assunta Spina* (Gustavo Serena, 1915). Sulla relazione tra esposizione e negazione del corpo divistico allo sguardo dello spettatore consigliamo *Cenere* (Febo Mari, 1916), unica interpretazione sullo schermo di Eleonora Duse.

PAROLE CHIAVE

Amore.
Arte figurativa.
Art nouveau.
Cinema muto italiano.
Condizione femminile.
Diva / Divismo.
Dramma.
Inquadratura autarchica.
Italia.
Melodramma.
Musica.
Opera lirica.
Profondità di campo.
Rapporti tra cinema e teatro.
Spazio filmico.
Spionaggio.
Restauro.
Specchio.
Storia del linguaggio cinematografico.

CINEMA/ORIGINI

Collana diretta da Elena Dagrada

1. Antonio Costa, *Viaggio sulla luna. Voyage dans la Lune (Georges Méliès, 1902)*
2. Silvio Alovisio, *Cabiria (Giovanni Pastrone, 1914). Lo spettacolo della storia*

Finito di stampare
nel mese di novembre 2015
Arti Grafiche Bianca&Volta Truccazzano (Mi)